JN440040

코고무신
째깍이는 소리

그루 현대시인선 21

코고무신 째깍이는 소리

황영애 시집

그루

시인의 말

시집[詩]인가요 시집[嫁]인가요
그러다 후자를 택했다.
잘한 것 같다.

그러면서 전자에 대해선
'감히, 쑥스럽게, 그냥……'
이러다 40년을 훨씬 넘어선 시간이 흘렀다.

젊은 날엔 서랍 속에 숨기다
오래전부턴 C드라이브에 가둬 논 말들에게
세상의 빛과 바람을 쐬어 줌이 도리인 것 같다.

생각하고 느끼고 깨달게 해준 모든 것들에 대하여
눈물과 웃음을 나눠준 모든 이들에 대하여
깊은 마음의 감사를 드린다.

그리고 특별히
나의 사랑, 나의 직업!
교단생활을 정년으로 마감하게 해준 사랑하는 가족과
하늘로 소풍 가신 부모님과 시부모님 영전에 바친다.

2024년 3월
황영애

차례

시인의 말 05

제 1 부
산을 오르며

산을 오르며 13
안개 14
병원문을 나서며 15
패랭이꽃 16
인생 17
나무와 바람 18
하룻밤 사이 19
하늘 20
목련 21
하늘 보면 22
봄 23
밤새워 쓰는 일기 24
선물 25
고백 26
비 오는 날 1 27
단풍잎을 보며 28

제**2**부

서로는

폭포 31
아니어요 32
신호등 앞을 지나다 33
인생길 34
바다를 보며 35
눈물은 36
고속도로 위의 빗물 38
달팽이의 꿈 40
서로는 41
밥 이야기 42
후회 44
다람쥐의 독백 45
관성의 법칙 46
아침 일기 47
우리 집 불굴 씨 48
태평양 사이에 두고 50

제 **3** 부

꿈길에서

수박 1 53
수박 2 54
꿈길에서 56
감꽃 57
눈비가 오면 58
염색하며 60
그 시절 여름 62
엄마 64
말씀은 달라도 66
눈 오는 날 68
내 이름 1 70
내 이름 2 72
꼬꼬무 파리 74
꿈 76
산호세San Jose 하늘 77
둥근달 78
풀꽃 80

제 **4** 부

자퇴를 처리하며

꽃 83
퇴근길 86
비 오는 날 2 87
하루 88
자퇴를 처리하며 89
부러움 90
벌과 벌통 91
수비중 가는 길 92
다시 길 떠나는 너희에게 94
수비 가는 길 96
동창회를 마치고 98
알고도 모를 일 100
밥상 이야기 101
사랑·자랑 그리고 40 102
퇴직 284일을 앞둔 밤에 103
그렇게 그렇게 104
얘들아 나는 106

제 **5** 부
우리 사랑은

사랑 109
너를 보면 110
우리 사랑은 111
아들아 너희는 112
물음 113
편지 1 114
편지 2 115
편지 3 116
편지 4 117
당신 118
함께 쓰는 시 119
보내놓고 120
참 좋은 날 121
함께 가면 122
김치에게 123
옐로스톤Yellowstone 호수에서 124

해설 정갈한 서정, 예지와 기지_이태수 126

제1부

산을 오르며

산을 오르며

자락과
자락이 이어져

산은
한 권의 책

그 속에
내가 서 있구나

지나온 사연 속에
갈 길 더 당기는 설레임

수만 년 세월을 묻고
억년 향기를 안아

철 따라
고전으로 피어나누나

안개

점점이 모였을까
알알이 모였을까
이음새 없어
솔기도 없는
한 폭의 거대한 홑이불
그 아래 하늘 땅 바람
모두 잠들었다

점점이면 비질로 쓸어보고
알알이면 풀무로 날려볼까
아직 눈뜨지 않은 고요 속에
다가가면 한 겹씩 벗어버리는
네가 참 신비롭다

병원문을 나서며

풀잎은 바람으로 깨닫고
강바닥 자갈돌은 물살에서 깨달을 때
유정한 인간사는 눈물에서 깨닫는다

패랭이꽃

너는
더 넓은 들이 있는 줄도 몰라
나지막이 이웃 삼고
흙먼지 발길 자욱에 온몸이 스러져도
선 자리 설 자리라 웃음으로 피는 꽃

너는
온종일 들 나들이 벗님 마중에
두 볼을 붉히고도
가슴속 얼룩진 정은 식을 줄 몰라
해 진 들녘 저편에서도 소리 없이 피는 꽃

꽃이라면 가졌어야 할 향기도 없이
그저 밤에는 이슬 먹고
아침엔 햇살 마시며 서럴 줄 몰라
여름날 더운 탓에도 넉넉히 피는 꽃

인생

하늘만큼의 넓이를 지녔어도
안을 수 없는 슬픔
바다만큼의 깊이를 지녔어도
담을 수 없는 슬픔

언제까지 우리는 슬퍼만 할 건가

애써 이삭을 주워보지만
곳간은 차지를 않고
지팡이는 굳게 잡을수록
땅만 파일 때

사람아
하늘엔 조각달
꽃보다 붉은
울음만 흘렸다

나무와 바람

바람이 나무를 아는 체하고 지나간다
나무는 아무런 말이 없다

나무는 바람의 마음을 모르는 걸까
너무 잘 알아 할 말 하지 않는 걸까

바람은 나무의 말 없는 습성을 다 아는 걸까
너무 좋아 믿어 두는 걸까

바람도 나무도 못 되는 나,
그들의 사연을 어찌 알까

하룻밤 사이

집채를 다 들어 가겠다던 바람은
자고 나니 행방조차 묘연하다
종일 검게 성내던 하늘도
자고 나니 새 얼굴을 하고
간청해도 아니 오던 햇살이
하룻밤 사이 방안까지 들어와 조아린다

그랬으면

바람처럼 흔적 없이
하늘처럼 웃음으로
햇살처럼 돌아서서
그냥 슬쩍 슬그머니
우리네 얽힌 마음 타래도

하룻밤 사이 그렇게 흘렀으면

하늘

아하, 참!
신기하기도 하지
천년 전에도 저 빛깔이라더니
천년 후 지금도 어쩜 저 빛깔을 말아내고 있을까

그것, 참!
대단하기도 하지
천년의 세월로 만물을 꼬옥 껴안더니
천년 후 지금도 어쩜 그 마음 간직하고 있을까

아, 참!
부럽기도 하지
천년 전에도 만물이 우러러보게 하더니
천년 후 지금도 어쩜 그 힘을 누리고 있을까

목련

여인의 벗은 속살

다가서는 걸음 대신
움칫 물러서는 떨림

감잎은 움조차 먼데

누구의 불면不眠 있었길래
꽃술은 웃음으로 벙그나

하늘 보면

높아서 파란 하늘
푸르러 높은 하늘
꼭 얼음판 같은
저 하늘 바라보면
마구 부풀어 오른다
고향길 가고파서

저 하늘 뒤집어
쭈르르 쭈-우-욱
한 발 미끄럼 타면
부모님 잠들어 계시는
고향 땅 풀피리 언덕
갈 수 있겠다

봄

목련이 손짓하더니
벚꽃은 한 번 웃고 가네
정이란 짧을수록 애틋하다더라만
뿌린 정 마르기도 전에 가면
무어라 이름 지어
부르오리까

밤새워 쓰는 일기

슬픈 건
싹이 나지 않는 땅이 아닙니다
어떤 땅에서 싹이 나는지를 몰랐다는 겁니다

아픈 건
오래도록 묻어두었던 성냄이 아닙니다
성냄은 더는 길이 없음을 인정했다는 사실입니다

잠이 오지 않는 건
부서져 버린 지금 때문이 아닙니다
지금으로 인해 다음도 멀어졌음을 아는 때문입니다

눈물이 나는 건
금이 나버린 우리 때문이 아닙니다
우리로 인해 다른 이의 추억도 금갈까 하는 염려 때문입니다

선물

반갑게 받으려니
기다렸다는 듯싶을까

무심히 받으려니
애써 마련한 정 서운할까

주고받는 사람의 정
어찌해야 좋을까

고백

내가 고왔다면
당신은 더 고왔고
내가 어쩌다 고왔다면
당신은 언제나 고왔으며
내가 겉이 고왔다면
당신은 속까지 고왔습니다

중요한 건
이런 것들이
나는 가정假定이라면
당신은 가정 아닌
사실 그대로라는 겁니다

비 오는 날 1

비 맞은 차들이
터널 안 저만치 빗물을 실어 나른다
젖은 바닥이 꼬옥 절편 같다
바퀴는 쫀득한 떡판을 밀고
운전대 주인은 입맛을 쪽쪽 다신다

비 오는 날
터널 안은 향긋하고 아련한
떡판 세상이 된다

단풍잎을 보며

학창 시절엔
아름답다 생각해
책갈피에 두었다

젊은 날 한때
탄성과 황홀 속에
살며시 지르밟으며
누군가를 그리워했다

어느덧
이순耳順에 다가온 지금
아름답거나 그리움 대신
곱게 내려앉는 멋을 배운다

제 **2** 부

서로는

폭포

그 무슨 희구希求의 세월 천년이기에
멍들어 시린 모습 푸른 빛깔로
의분義憤의 청천벽력 우레 함성을
뭍으로 뭍으로만 실어 사르뇨

그 이전 청정淸淨의 자탠 어디다 두고
떨어져 패인 자국 여문 상처로
들을 이 간곳없는 잠든 시간을
홀로서 홀로서만 울어 예느뇨

아니어요

아니어요

참새가 떼를 지어
잘 말아놓은 볏짚 사이를
요리조리 술래잡기하며
무어라 뜻 모를
저들만의 소리 마구 흩뿌려 널 때

잎 다진 가지 끝에 홀몸으로
휑하니 먼 산만 바라보는 부엉새는
무심한 탓 결코 아니어요

할 말 몰라 잠을 청하는 건
더더욱 아니구요

신호등 앞을 지나다

너무도 당연한 일이
왜 이리 신기하기까지 할까
신호등 앞에 서 있는 검은 차들이

돈도 아닌 것이
명예도 아닌 것이
권력은 더구나 아닌 것이

잘생겼다는
저렇게 많은 검은 차들을
꼼짝 못 하게 묶고 있구나

쳐 놓은 줄[線]도
강압하는 표정도
목소리 높여 호령하는 손짓도 없이

작은 불빛 하나로
저 힘세 보이는 차들을 지휘하고 있음이
왜 이리 멋져 보이는 걸까

인생길

이상하지 않아?

운전석 옆자리에 앉아 보면
차가 꼭 길이 아닌 곳으로 가는 것 같은데
실은 잘 가잖아

뽀드득 하얀 눈밭 가다 보면
똑바로 걸어보고 싶을 때가 있어
몸 잡고 마음잡아 곧게 온다고 왔는데
뒤돌아 다시 보면 구불구불하기만 한 거

인생이란 길이 그런 것 아닐까
아닌 것 같으면서도 길이었던 때도 있고
잘 걸어온 줄 알았던 길
지나고 보면 영 아니었던 때도 있는

바다를 보며

사람들은 바다에 와서
모래성만 쌓거나
지는 노을만 바라보다 떠난다
바다가 왜 바다인지에 대한 물음은
파도에 얻어맞고 있는 바다에게
한마디 물어보지도 않고

눈물은

치약, 물감은 짜고
빨래도 짠다
그러나
눈물은 짠다고 하면 안 된다

피리, 나팔은 불고
바람도 분다
그러나
눈물은 울고불고라 하면 안 된다

눈물만큼의
회한이 있을까
눈물만큼의
절규가 있을까

눈물만큼의
내어놓음이 없고
눈물만큼의
다다를 방법이 없다

그래서 눈물은 아름답다
이런 눈물을
남의 이런 눈물을
쉽게 이름 지어서는 아니 될 일이다

고속도로 위의 빗물

운 좋게도
자가용 운전석 옆자리에 앉아
고속도로를 달릴 수 있었다

밖엔 칠월이라 장마철
비는 마구 내리붓는데
이상한 건
잘생긴 차들일수록
속도를 절단하고

그런 바퀴들의 굴림 속에
운 없는 빗물들이
몸서리치게 터져 나왔다
마치 살고 싶은 최후의 증언처럼

그래서 그런 생각을 했다

다 같은 하늘에서 내려와
어느 건 몇 자욱 건너
아카시아 청솔잎에 앉으니

고운 님 빗어 주는 빗질 같고

어느 건 죄 많아
딱딱한 바닥도 서러운데
검은 횡포에
저리도 부서져야 한단 말인가

고속도로 빗물에
내 맘도 마구 젖었다

달팽이의 꿈

많은 것을 바라지 않습니다
큰 것을 원치도 않습니다
평생 갉아 먹을 양식은 떡잎 하나면 되고
집은 둥근 몸 하나 있지 않습니까

이슬 머금은 한 뼘 풀밭과
햇살이 조금만 더디 떠 준다면 그만
세상이란 숲이 아득할 뿐입니다
빨리 도는 지구가 야속할 뿐입니다

서로는

한 사람은 국어 시간처럼 살고
한 사람은 수학 시간처럼 산다
그는 이상과 감성을 좋아하고
그는 현실과 이성을 좋아한다

한 사람은 정답이 명확하지 않음에 익숙하고
한 사람은 문제가 간단함에 친숙하다
문제지 모양새가 달라
푸는 방식과 시간이 다르고
답안지 양식이 달라
채점 기준과 배점이 다르다

서로는 좋아하는 과목이 달라
인생이란 문제와 답지가
언제나 다르다

밥 이야기

돌밥이라 하지만
돌은 고작 한두 개
쌀이 몇 백 배 더 많다

찰밥이라 하지만
콩도 있고 팥도 있고
밤이며 대추까지 있다

붉은팥 넣은 날은
붉은 팥밥이 되고
검은콩 넣은 날은
검은 콩밥이 된다

콩밥에는 콩이 있고
팥밥에는 팥이 있지만
떡밥에는 떡이 없고
죽밥에도 죽은 없다

밥을 위해 사느냐
살기 위해 밥 짓느냐

밥은 바빠서 못 먹고
죽은 죽어도 못 먹는
술만 술술 넘어가는 세상

후회

꽃을 보자고
꽃씨 심었더니
소나기 장대비 다녀간 후
싹이 나지 않더라

다람쥐의 독백

욕심을 두르지 않고
순리를 거스르기란 더욱 안돼
타고난 발로만 걸었습니다

재미있었고
옆에 있는 사람도
그런 줄 알았습니다

더 열심히
그것도 재주인 양
미래를 꿈꾸기도 했습니다

얼마쯤 지났을까
길은 자취 없고
쳇바퀴 안의 숨찬 소리뿐임을 알았습니다

구르면 다가갈 줄 알았던 세상은
늘 그 자리
어리석은 본성이었습니다

관성의 법칙

1

천하장사 이만기는 맨날 씨름만 하고
바람의 아들 차범근은 축구공만 찬다

새벽 열어 두부 파는 아주머니는
오늘도 두부판을 나르고
오이 당근 무 배추 아저씨
타이탄에 고단한 몸을 싣는다

2

개미는 개미를 낳고
박쥐는 박쥐를 낳는다
호박꽃은 호박을 열매 맺고
감꽃은 감을 영근다

3

장관 의원 잔치엔
재벌 총수 다녀가고
재벌 총수 아들딸은
정·관·경의 대작大爵 집으로 주민등록을 옮긴다

아침 일기

밥솥은 윙윙
세탁기는 돌돌

남편은 일어나 신문부터 찾고
나는 감은 눈에
발이 먼저 주방에 와 있다

이리 갔다 저리 갔다
무슨 자동 명령 입력된
로봇 같다

주민등록 등본 같은 면面이고
한지붕 아래 숨쉬기 매양 한가진데
대한의 남자요
울안 가장家長이라는
폼
생
폼
사
홑몸으로 출근하는 그 사람이 젤 부럽다

우리 집 불굴 씨

1

동사무소
주민등록 등본 발급하면
맨 위에서 힘주고 있는 사람

2

한하늘 한지붕 아래 살면서도
사는 모습 너무도 달라
내가 제일 부러워하는 사람

3

나보다 먼저 혼자 출근하고
나보다 늦게 혼자 퇴근하는 사람

4

내가 배고플 때
밥 달라고 조를 수 있는 사람

5

나 보고는 웃지 않으면서

연속극 임현식 씨 보고는 참 맛있게 웃는 사람

6

아내 웃길 줄은 몰라도
아내 울릴 줄은 아는 사람

7

평온할 땐 잊었다가
일 저지르면 젤 먼저 생각나는 사람

8

직장에선 까맣게 잊었다가
집에 오면 '빨리 안 오나' 기다려지는 사람

9

세상 단 한 사람
나만의 의장등록 상표

태평양 사이에 두고

그대는 나를 부러워하고
나는 그대를 그리워하고
태평양 사이에 두고
그대와 나
생각하기는 한가지구려

그대와 나, 다름이 있다면
그대 부러움은 병이 되진 않겠고
내 그리움은 병이 될 수 있다는 것과
부러움은 잠깐 오는 거겠지만
그리움은 내 안에 늘 녹아 있음이구려

제 3 부

꿈길에서

수박 1

시오리 장터 길
보릿자루 이고 가신
엄마 기다리던 한나절

서산에 해 빠지고
사랑채 추녀 밑
해그림자 깔리면

기다란 담장 너머로
엄마 얼굴 대신
수박 한 통 먼저 왔다

오동잎 우물가
두레박 길게 퍼 올린
새암물에 밤새 두었다가

콩밭 매러 들에 간
온 식구 다 모이면
수박 한 통 누가 훔쳤나
빈 도마 위 칼자루만 달랑

수박 2

단 것 신 것 다 못 드시고
오직 수박 참외만을 좋아하셨던
내 어머니

많고 많은 과일 중에
수박을 제일 좋아하는
우리 아들 녀석

여름이면
사흘이 멀다 하고
수박 통이 굴러다닌다

내 어릴 땐
석 달에 세 쪽
먹어나 봤을까

먹고 난 수박 껍데기
희고 푸른 두께보다
붉은 골 더 높으면

나도 몰래 한입 베는
어머니의 유산인가
자식놈 사랑인가

해마다 여름은
수박의 계절이다
그리운 어머니의 계절이다

꿈길에서

어머니!
어머니 계신 그곳에도
해 지고 철 바뀌어
감꽃이 피어나는지요

어젯밤 꿈길에
움모실 들에 가자시며
하얀 고무신 내려 신으시고
감꽃이 한창인 그곳으로
저를 데려가셨는데

아버지!
아버지 살아 계시던 그땐
왜 그리 그 꿈만 꾸었던지요
통곡에 꿈을 깨고도 목이 쉬더니

아버지!
계시지 않는 지금은
꿈만 꾸면 아버지 살아 계시니
깨지 말고 영영 꿈길이면 좋겠습니다

감꽃

모양도 없고
향기라곤 더욱 먼
우리 집 마당
지천으로 깔리던 꽃

어머니는 종일토록
싸리비로 쓸어 내시고
우리는 한나절
실에 꿰어 걸어주던
땀과 추억이 섞인 꽃

부모님 가신 지 이십여 년
가마솥 아궁이는
내려앉아 흔적 없고
찬물 긷던 두레박 우물가
잡풀 나고 자라 동산 되어도
널따란 기와지붕 위로
감꽃만이 뚝뚝 그대로이다

눈비가 오면

꾸질꾸질
눈발도 아니고
빗발도 아닌 것이
하루 종일 오락가락 날리는 날은
사랑을 지피시던 부모님 등[背]이 그립다

동쪽 마루 가으내 말린 장작
눈비 오는 날이면
당신의 등 맞아가며
여러 자식놈 춥지 않을까
건넌방 무쇠솥 아궁이
종일토록 숯불을 달구시던 사랑

철없던 오빠와 나는
뜨거운 바닥의 정성도 모른 채
구워낸 고구마에 맘 다 빼앗기고
등허리 눅눅히 젖어가며
매운 연기 군불 지피시는 사랑은 몰랐다

이제 부모님은 아니 계시고

이불 속 옹기종기 발장난 하던
고향집 가마솥 장작불도 꺼진 지 오랜 지금
눈비 오는 계절만이 여전하다
그리운 사랑만이 그대로이다

염색하며

엄마와 아버지
유독 다정하시던 한때
엄마가 아버지 염색약 발라 주시던 때
그때 난 두 분 계신다는 것만으로
별다른 관심 없었거니와
두 분은 정답게 무슨 말씀을 그리 나누셨다

지금 내가 남편의 흰 머리카락을 물들이고 있다
말은 안쓰럽다 분주하면서도
생각은 엄마 아버지 그때 모습 앞선다
그땐 왜 몰랐지
곁에 계실 날
머리카락 한 올 한 올처럼 떠난다는 걸

남편은 무슨 생각 할까
서늘함일까 고마움일까
아니면 나와 같이 그리움일까

저만치

그때의 나처럼
아들놈이 우릴 바라보고 있다

그 시절 여름

어릴 적 고향, 앞 도랑은
밀 씻고 나물 씻고
멱 감고 가재 잡았어요

그중에 젤 좋았던 건
엄마 따라 빨래하러 가던 일
비누질 방망이질 후
흐르는 맑은 물에 설렁설렁 흔들면
흙 자국은 물론
세상사 때까지 멀리멀리 흘러갔지요

돌아오는 골목길
엄마가 들려주는
하얀 코고무신 째깍이는 소리
그 소리 듣기 좋아
일부러 발에 물을 끼얹기도 했어요

앞마당 바지랑대 빨랫줄 옷가지 널어두면
왕잠자린 아예 신방을 차리고
뭉게구름도 걸리고

부지런한 코스모스 웃음 보려
젊은 감잎이 뚝뚝 내려앉았지요

엄마

세상, 가장 부르기 쉽다는 말
세상, 가장 편하고 따뜻한 말

세상에서 나를 제일 믿어주고
세상에서 나를 제일 알아주는
엄마!

언제 불러도 좋고
언제 들어도 좋은
이렇게 좋은 엄마를
이제는 부를 수가 없다

그땐 그랬다
언제나 부르면
다 마다하고 와 주시는 줄로

그때는 몰랐다
목 놓아 암만 불러도
엄마도 오지 못하는 때가 있다는 것을

먼 하늘 그리운 고향
유난히 햇빛 푸르면
엄마와 내가 함께 오르던
고향집 들길 그리워 낮이 젖는다

엄마가 보고 싶어
젖 뗀 송아지 된다

말씀은 달라도

쥐띠
음력 구월
오곡백과 성실하다는 가을
그리고 밤 아홉 시

친정어머니는
늘 말씀하셨다
"너는 이담에 잘 살 끼라
 쥐가 먹을 것 많은 구월
 밤중에 났으니"

시집오니
젤 큰형님 말씀
"어쩔거나 그러니 자네 신역이 될 수밖에
 쥐가 좀 편히 쉴 낮이어야 하는데"

딸이 잘 살기를 바라시는
친정어머니 말씀이나
손아래 올케를 안쓰럽게 여기시는
큰형님 말씀이나

태어난 한날한시 두고
서로 다른 말씀이지만
지혜로움이 담겨 있으시다
사랑이 배어 있으시다

눈 오는 날

눈 오는 날은
고향 집 그리운 날

산과 들이 눈에 묻혀
사람도 가축들도 눈이 되던 날

아무도 밟은 이 없는 이른 새벽
어머닌 두레박 우물 가는 길 먼저 내어놓으시고

닭 울음 따라 삽살개 마중 간 동구 밖 길
아버진 '학교 가야지' 하며 비질하시고

언니와 오빠
동생과 나

장갑도 없이 눈삽으로 마당 쓸던 날
언 손 녹이느라 입김이 분주하던 날

아버지는 등 뒤에서 웃음으로 바라보시고
어머니는 불 쬐라며 군불 한금* 지피시던 날

눈 오는 날은
눈이 많아 눈 이야기도 많은

고향 집 마당
눈 쓸던 소리 다시 듣는 날

*매우 많이, 한아름의 경상도 사투리.

내 이름 1

근 반백半百 살아온 지금
내 이름 몇 개나 될까

이 세상 태어나자마자 얻은 이름
엄마 아버지의 딸이요
언니 오빠들의 동생
삼 년 뒤 동생 태어나 언니 이름 얻었고

일곱 살, 큰언니 시집가니
형부는 처제라 하며
첫아들 낳아 나더러 이모라 했지
열다섯, 큰오빠 장가드니 시누이 되고
예쁜 첫딸 낳아 고모 되었지

스물넷, 첫 발령 받아
내 키보다 더 큰 아이들
선생님이라 부르니
이 오직 혈연 아닌 내 뜻으로 얻은 이름
쑥스럽고 흐뭇한 것을

스물일곱, 처음 만나 사랑을 알고
그 사랑 열매 맺으니
엄매 머시 이리도 많은감
아내, 며느리, 형수, 올케, 외숙모
이름 박이 터졌네그려

결혼한 지 일 년 만에
아들 낳아 엄마 되고
십 년 만에 시동생 장가가니
형님 이름 얻었네

동서 첫딸 낳으니
큰엄마 되고
친정 언니의 아들딸 자식 낳으니
나더러 이모할머니라 하네

내 이름 2

부르는 이름이 많다
태어나 저절로 얻어진 이름인가 하면
가정을 이루면서 얻어진 이름 절반이다
이 많은 이름 지금 와 가만 보니
느낌도 가지가지 마음도 가지가지
마냥 웃을 일보다
무거워지는 이름 더 많다

세상 가장
자랑스런 이름은 엄마
행복한 이름은 아내

보람된 이름 선생님
죄송한 이름 딸과 며느리
정다운 이름 언니 동생 형수
미안한 이름 고모 이모 외숙모 큰엄마
편안한 이름 처제 형님
아쉬운 이름 시누이 올케
수줍은 이름 이모할머니

이 중에
제일 좋으면서
제일 미안한 이름
엄마라는 이름
아내라는 이름
정말 감사하면서
참 후회 많은 이름
딸이란 이름
며느리란 이름

꼬꼬무* 파리

263킬로미터
집에서 서울까지의 거리

아뿔싸
진작 알았으면 좋았을걸

주차장에 차를 세우고 내리려는데
난데없는 파리 한 마리 출구 찾아 들이받는다

엉겁결에 창문 내리니
쌩하고 날아간다

어디로 가는 걸까
새 친구 사귀며 서울살이 잘할까
떠나온 동네까지 도로 찾아가나
아님, 지하 6층에서 못 나와 객사客死라도?
그럼, 남은 가족들은?
그들도 가족이 있긴 한 건가?

잠자리에 드니

모기가 성가시게 구는데
무심결 헤어진 파리 생각뿐이다

*꼬리에 꼬리를 무는

꿈

분주한 아침밥 준비 시간
"엄마 나 꿈꿨다."
늦잠 자고 일어나는 일곱 살 웃음 아이

"엄마! 무슨 꿈 꾸었게?"
"글쎄–"
"피카츄와 괴물들이 싸우는 꿈"

'그랬구나
엄마는 오늘도
엄마의 엄마 꿈을 꾸었는데'

산호세San Jose 하늘

하늘은 푸른 물
구름은 물 위를 떠도는 조각

어느 땐
잡싸리비로 쓸은 것 같고
어느 땐
수채화 붓으로 문지른 것 같고

눈 더미를 쓸어 놓은 듯
물 위에 수제비를 떼어 넣은 듯

그들의 장난은
하늘 호수 같고
폭포수 쏟아지는 절벽 같고
어릴 적 고향 마을 천수답 논배미 같다

그 위를 한번 걸어 봤으면
그 곁에 한번 누워 봤으면

둥근달

아홉 살 이전
검정 고무신 꺾어 자동차 놀이하던 때
서울 간 언니 오빠 보고파
담 기대어 너 보며 울었었다

열세 살
엄마 따라 들에 갔다 오는 길
앞 도랑 맑은 물에 흙손 씻고 일어서면
너는 긴 그림자 만들어 놓고 등 뒤에서 웃고 있었다

열일곱 사춘기
도회지로 간 친구들 추석이라 고향 왔다 가면
나도 가고파 멍하니 너만 바라보았다

그렇게 그렇게 세월은 흐르고
스물을 넘긴 첫 발령지
한 사내가 너무 좋아 너의 불빛 받아 시를 배웠다

그렇게 또 삼십을 넘기고
한 남자의 아내 되고 두 아이 엄마 되니

그 안에는 너를 바라본 추억이 전혀 없다

이제 나이 마흔을 훌쩍 넘기고
뜻밖에 아주 낯선 곳에 와 있는 지금
산빛 꽃빛 다 다른데 네 빛만은 여전하다

너 보면 눈물 난다 옛 시절 생각나서
너에게 물어본다
간밤 고국 고향 언덕 다녀왔는지

네가 좋았던 것은 오래전인데
부러운 건 처음이다

풀꽃

우리 집 앞뜰
겨우내 촉촉이 비 맞더니
이름 모를 풀잎이 마당 가득

꼭 토끼풀 사촌 동생 같아
반갑잖은 적수라 뽑아야지 해놓고
게으른 습성에 한철이 끝나려니

누가 풀밭이라 했나
온 마당, 꽃밭이 되었다
우리 집에 놀러 온
귀한 손님이었다

제 **4** 부

자퇴를 처리하며

꽃

1

꽃이 피는가 싶을 때 우리 만났는데
어느새
얼음장 녹아 도랑물 따라 흘러가는 시절 돌아와
우리는 이별을 한다

그간엔 꽃도 피었겠고
꽃 속에서 웃어도 보았겠지

2

너희를 보면서 꽃을 생각한다
빛깔 좋아 고운 꽃
향내 고와 좋은 꽃
사월에 피는 꽃 칠월에 피는 꽃
다음은 문 앞에 피는가 하면
후미진 뒷산 그늘에서도 피는 꽃

어느 꽃은 이슬 받아 피어나고
어느 꽃은 햇빛 따라 피어나고
서리 속에서 피어 아름답고 장하다 싶으면

봄바람 속 잎새 두고 먼저 피어
오히려 갸륵한 꽃

3

이 빛깔 저 빛깔로
저 향기 이 향기 우려내고
저기 저곳에서
갖은 맵시 마름하니
어느 꽃 먼저이고
무슨 꽃 나음이랴
제 닮은 제 빛깔에
제 향내 드리운 꽃

4

그 넓은 대륙에서
그 많은 씨앗 두고 꽃씨로 남아
그것도 함께 드리운 몇 평의 땅 위에서
얽히고 부딪힌 자리
이 어찌 정답지 않아
이 어이 느껍지 않아

내 마음 항상 꽃 두고 비는 말씀
움 돋던 날 다짐 하나로
일구고 뿌리 내린 눈물 사연 보듬고
저 바람 저 흙 속에서도
웃음 짓게 하소서

퇴근길

집으로 가는 골목길
노을이 웃으면
엄마라는 이름 잠시 두고
선생님이라는 이름으로
자장면 한 그릇 함께 먹었으면

어쩌다 차 앞 유리
빗줄기라도 세게 때리면
아내라는 이름 살짝 두고
황 선생이란 이름으로
차 한 잔 마시고 갔으면

퇴근길
마음은 학교에 있고
몸은 어느새
현관문을
두드린다

비 오는 날 2

옛날
울 어머니 내게 우산 전해주러 오실 때는
파란색 비닐우산에
검정 장화 신고 오셨는데

오늘
우리 반 반장 어머니
다홍빛 립스틱에
베이지색 레간자 타고 오셨네

하루

수업 시간

책상은 뽕나무 잠박
꾸물대는 너희는 누에

그러면 교실은 잠실
나는 양잠가

쉬는 시간

교정은 아카시아 숲
너희는 진격하는 벌떼

그러면 교실은 벌통
나는 양봉가

자퇴를 처리하며

아들아
그건 정답이 아닐 텐데
낯선 곳을 까맣게 칠한
네 답지는
몇 점이 나올까

옛날
소 떠난 외양간 바라보며
눈물 흘리시던
어머님 마음
이러하셨을까

너를 두고 바랬다면
여름* 열어 따 들일 보람의 잔치
허나, 그것도 맘 두지 않으면 그만
천 리 길 비구름 하늘 밑
너를 어이 배웅할까

* '열매'의 옛말

부러움

청소 검사하러
음악실에 갔었지

멋있는 피아노와
푹신한 책걸상에
카펫까지 깔린 바닥

근데 참 재미있는 건
바흐, 모차르트, 베토벤은
30년 전 그때 그 모습
그대로였어

벌과 벌통

아침 8시
등교하는 풍경
시시각각 진격하는 무리는 틀림없는 벌떼
그러면 무뚝뚝한 교사校舍는
다름 아닌 벌통

보통, 벌들은 먹이 물어 통 안[內] 찾는데
이놈의 벌들은 살아갈 먹이 위해
이른 아침부터 저녁까지
통 속에서 힘겨운 나래 접으니

수비중* 가는 길

걸어 3분 출근길을 나선다
어디선가 “안녕하세요?”
유치원 아니면 초등 1년 정도의 사내아이이다

“어! 그래. 안녕!”
“어디 가세요?”
“중학교!”
“선생님이세요?”
“어”
“아! 누나(의) 선생님이구나”

‘누나 선생님?’
‘어쩜 저리 이쁜 말을……’
그렇게 이슬보다 더한
시원 달짝한 감동을 마신다 싶은데

“못생겼다”

모처럼 파란 하늘에

큰 웃음 마구 터진다
귓전을 울린다

*경북 영양군 수비면 소재 중학교.

다시 길 떠나는 너희에게

'나만 혼자'라는 두려움, 억울함 말고
'사람은 누구나' 하는 순리의 여운을 믿어두자
'이제 그만'이라는 움츠림 대신
'다시 한번'이라는 활개를 펴보자
'내가 뭘' 하는 외면보다
'나도 하면' 하는 용기가 아름답지 않을까

우수마발도 절로 태어남이 아니라 했듯
한세상 살다 가는 정원에
나를 심고
부모 형제 이웃을 가꾸기 위해
용기라는 쟁기의 날을 삼아
꿈과 희망이라는 새싹을 키워봄이 옳지 않을까

좋은 씨를 잘 골라
풍성한 수확 거두는 것도 신나는 일이지만
꿈꾸는 동산에 땀의 삽질을 하는 일이
더 보람되겠지

세상은

무엇을 가지는 행복 대신
어떻게 가져가는가가 더 멋진 것을

수비 가는 길

영양 수비
초년에 다녀갔을 땅을
나는 말년에 찾아가누나

경상도 북동 끝
문향의 고장에 오심을 환영한다 하고
'산촌 생활 기념관'이란 표목이 눈길을 당긴다

신규교사 정신교육 사박 오일 연수 때
화전민의 밭갈이 사랑 이야기에
코 찡한 감동으로 상상했던 땅

양지로는 인형의 집들이 먼저 와 있고
낙동강 찾아 달음박질하는 물길 굽이로
외로울까 찻길이 함께 가누나

얼마를 달렸을까 수비 가는 길
몇 굽이 돌았을까 발리 가는 길

한티마루 올라서니 그림 하나 놓였다
수비면 발리리* 수채화 한 장

*영양군 수비면 행정복지센터 소재지

동창회를 마치고

임은 보내고서 깊이를 깨닫듯
헤어진 지 얼마 안 된 지금
다시 그 이야기 웃음들이
요로코롬 생각나는 건 동구洞口 밖 정이어라

원근遠近에서 찾아 준 반가움
물심양면 내어 준 고마움
싣고 나르고 끓이고 푸고
붓고 마시고 추고 부르고
모두가 미담꾼이요 전부 다 재주꾼일세

밤 깊은 밤원골에 봉황산 우정 넘치고
흐르는 신협 물에 화령초 싹 텄다
무엇이 조심이고 어느 게 걱정이랴
몇 십 년만도 어제인 듯
눈빛으로도 모두가 하나인걸

사랑한다 친구들아
고맙다 친구들아
우리가 함께 나눈 땀과 웃음

알겠더라 알았더라
모두가 귀한 이름이라는 걸

알고도 모를 일

밥하기 싫어
자장면으로 때를 잇자니
엄마라는 이름이 미안한데
아들 녀석은 너무 좋아하더라

그 소리에 그 반응
에라, 오늘은 말아보자 그냥 돌아서려니
담임이 이래서야 마음 무거워지는데
놈들은 하늘 치며 마구 좋아하더라

밥상 이야기

콩자반 명태포 멸치볶음
열흘 전 남편이 가져온
반찬가게 상표 반찬

콩가루 흠뻑 쓴 쑥국에
돌나물 생채와 달래 무침
오늘 들에서 데려온
내가 만든 내 반찬

일부러도 찾아간다면서
가거든 산들의 자연식으로 살라는
언니의 위로가
밥상에서 살아난다

영양군 수비면
수비표 자연 밥상

사랑·자랑 그리고 40

천구백팔십사년 삼월
첫 출근
이천이십사년 이월
마지막 퇴근

딱 40년

퇴근해 발 담그는 짜릿함도 좋고
출근길 현관문 미는 시원함은 더 좋은

사랑 40
자랑 40
내 청춘 40

퇴직 284일을 앞둔 밤에

맛있는 밥을 먹다
가시에 걸린 듯
여태껏 신나던 직장생활이
덜커덩
잘못됐다는 생각이 든다

하겠다던 직함도 버렸고
끓어오르던 시인詩人 이름도 못 다진
40년 세월
아차
잘못된 일이다

자다 말고 덜커덩
무슨 생트집
나도 몰래 뻘떡
오뚜기 되었다

푸하하
후하하

그렇게 그렇게

가로누운 바닷물일랑
한 발에 풀쩍 뛰어넘고
감았던 이십 년 세월
한나절로 갈아엎어
아! 그렇게 오셨네요
꿈같은 하루

늦은 밤 서툰 거리
어둠 불빛 헤집고 단숨으로 달려와
이튿날 저무는 해
서 발 하고 반 남아
아! 그렇게 가셨네요
이슬 같은 만남

다시 올 수 있을까
수륙만리 타국에서의 만남
다시 할 수 있을까
님을 위한 고운 시간

암만해도 꿈같고 이슬 같아

쏟아지는 텅 빈 마음

아!
그렇게 오셨다 그렇게 가셨네요

얘들아 나는

천인千人 우러러볼 고풍도 원치 않고
어느 한 사람 눈에 흡족해
울안 운치로 서기는 더욱 원치 않아

날고 싶다 한들 날 수 있는 용기도
그렇다고 까닭 묻기 전에
그러면 그러나 보다
묵묵히 흐르는 무딘 정도
다듬지 못한 이름

그러니 하루에도 몇 번씩 눈감는 것은
내 하나 탓에 어린잎 시들어
훗날, 잎 가지 헐벗을 즈음 참회하는
그 어리석음은 말아야지

나는 한 그루 나무
너희들이 기댈 수 있는 그런 나무

제5부

우리 사랑은

사랑

나도 하나
사랑도 하나

마음은 하나
생각은 열

만남은 하나
기다림은 백

화는 하나
용서는 천

기쁨은 하나
아픔은 만

너를 보면

참 사랑스럽지
예쁘고 귀여운 것 말고도
애교 많고 인정 많으니

참 영리하지
셈 잘하고 글 잘 읽는 것 말고도
분위기 알고 분위기 돌려놓으니

참 보배롭지
재롱 많고 재치 있는 것 말고도
집안의 웃음 선사할 때가 많으니

아무래도 넌
귀염둥이 재롱둥이에 집안의 자랑
그중에 제일은 우리 집 웃음 발전기

우리 사랑은

우리 사랑은
해와 달의 이야기

늘상 좋아도 바라보지만
잡을래야 잡을 수 없는
전설 같은 이야기

웃음이 좋아서
동화 속 그림 같은 웃음이
하도 좋아서

눈 끝마다 심어두고
밤마다 묻어둔 사연
님은 모르지

아들아 너희는

아들아 너희는

늘 바라보는 하늘
자랑하고 싶은 선물
꼬-옥 거머쥐는 보물
다 주고 싶은 사랑

물음

촘촘한 잔디밭 사이
홀로 핀 민들레 한 송이
꽃입니까
풀입니까
두어야 합니까
뽑아야 합니까

총총한 나날
가끔씩 스치는 당신의 웃음
정입니까
사랑입니까
지녀야 합니까
접어야 합니까

편지 1

모습 그려지지 않던 그땐
마음은 파란 들판이었습니다
음성 보이지 않던 그땐
그냥 고요한 밤이었습니다

지금은 당신의 웃음, 숨결,
눈빛까지도 그릴 수 있지만
모습과 음성 모르던 그때가
삼월의 햇살 같은 시간이었습니다

당신을 만나면
지구가 공전만 했으면 하는 생각을 합니다
헤어지고 나면
두 배 빠르기의 자전은 없을까 되뇝니다

가끔가다가
당신과 나, 지구
이렇게 셋, 꽁꽁 묶을 순 없을까 웃기도 합니다

편지 2

오늘도 집 앞 가을나무는
편지를 보냈습니다

여태까지의 낯빛보다
더한층 붉은 잉크로

아마 답장 없는 내게
화가 많이 났나 봅니다

편지 3

당신이 너무 좋아
밤마다 편지 썼더니
새벽달 걷히고 나면
편지는 길을 잃고
시가 되어 방문 앞에 쌓이네요

편지 4

가을에 봄꽃이 피면
꽃의 잘못인가요
시절 잘못인가요

가을꽃이 봄에 피면
서둘러 왔다고 반갑던가요
저절로 왔다고 미웁던가요

봄이든 가을이든
꽃이 피면 어떤가요
누구도 피울 수 없는
그 꽃만의 재주를

당신

세상 처음으로
사랑을 원했던 사랑

그래서
가장 많은 눈물 흘린 사랑

그 사랑 강이 되어
지금도 흐르는 사랑

죽어서도 헤어지지 못해
내 옆에 누울 사랑

함께 쓰는 시

세상 아무도 쓰지 않는
님과 나만의 시를 쓰면 안되나
쓰다 잠들면
그냥 이름 없는 원고로 남기면 안되나

세상 사람들은
시는 아무나 쓰는 게 아니라고
시는 아름다운 영혼이라고

그런 시를 님과 내가
같이 쓰면 안되나
여태껏 아무도 쓴 이 없으니
님과 내가 처음으로 쓰면 안되나

보내놓고

하루도 못 된 사랑
한나절 사랑

늦은 밤 왔다가
저무는 해 두고 떠나간
이슬 같은 사랑

짤막이 다녀감은
하룻밤의 폭풍인 양

'다시 오면' 하고 하늘 본 눈에
멀어져 간 무지개

꿈같고
바람같고

순식간 강물 되어버린
소낙비 당신

참 좋은 날

당신과 함께 산에 갔다
당신은 하늘 줍고 풀잎 주울 때
나는 당신의 눈빛 웃음 박힌
화석 하나 주웠네

함께 가면

함께 가면 안되나요
이 힘든 세상
같이 가면 어떨까요
무거운 짐 나눠 들고서

이래도 한세상
그래도 한세상
혼자 가든 함께 가든
돌아가는 이 세상

웃다 가면 아니 되나요
오면 가고 마는 이 세상
나누고 가면 어떨까요
못다 이고 가는 이 세상

김치에게

예나 지금이나
여름이나 겨울이나
전 국민들로부터 사랑받는 너
지구 반 바퀴 돌아
이 땅에 오면 없을 줄 알았는데
여기까지 와서
국민을 넘어
세계인들로부터 사랑받고 있구나

아!
좋겠다 넌
그 사랑 넓고 깊으니

아!
고맙구나
세계인의 나라 땅에서
늠름히 태극을 알리고 있으니

옐로스톤Yellowstone 호수에서

저
기
저
큰 달
삽으로
폭 퍼다가
호수 가운데
풍덩 던져 볼까
그런데 삽이 없네
너무 멀어 어떻게 하지
삽도 없고 멀기도 하고
그럼 어떡하면 좋지
무슨 방법 없을까
어떻게 되는지
참 궁금한데
할 수 있나
가만히
두고
봐
야
지

해설

정갈한 서정, 예지와 기지

이 태 수 〈시인〉

해설

정갈한 서정, 예지와 기지

이 태 수 <시인>

ⅰ) 황영애는 맑고 깨끗한 심성心性으로 담백하고 정갈한 서정시를 빚는 시인이다. 진솔하고 간결한 구문과 감성적인 언어를 주로 구사하지만 자연의 비의秘義에 다가가고 그 순리에 따르면서도 겸허하게 자기 성찰省察을 하면서 깨달음에 이르는 예지叡智와 기지機智가 돋보이는 시편들이 두드러져 보인다.

미시적 감각과 거시적 감각이 교차되거나 융화되는 그의 시는 외양이 순탄하고 단조로워 보이면서도 그 내포內包에는 고도로 함축된 마음의 그림들과 이성적인 메시지들이 쟁여져 있을 뿐 아니라 서정적 자아가 떠올리는 결과 무늬들이 다채롭게 스미고 번진다.

시인의 시선은 현실에서 마주치는 자연과 일상에, 그리운 추억의 반추와 애틋한 향수鄕愁에 주어지며 교편생활의 체험과 그 소회에 주어지기도 하지만 한결같이 동심童心과도 같이 순진무구하고 단순화된 어법으로 일관하고, 은밀하고 신선한 비유법으로 시적 묘미를 돋우어낸다.

ii) 시인은 자연의 신비와 비의에 다가가면서 그 순리에 따르려는 겸허한 마음가짐으로 자기 성찰로 귀결되는 정서를 서정적인 언어로 떠올린다. 「산을 오르며」에서는 산을 "자락과 / 자락이 이어져 // <중략> // 수만 년 세월을 묻고 / 억년 향기를 안아 // 철 따라 / 고전으로 피어나"는 한 권의 책이라며, 그 속에 서서 "갈 길 더 당기는 설렘"에 젖는다.

자연의 신비와 그 비의를 가까이 끌어당겨 한 권의 책에 비유하는 이 같은 거시적인 시각의 미시적 감각화感覺化는 '안개'를 두고도 "이음새 없어 / 솔기도 없는 / 한 폭의 거대한 홑이불"(「안개」)로 읽게 하면서도 "아직 눈뜨지 않은 고요 속에 / 다가가면 한 겹씩 벗어버리는 / 네가 참 신비롭다"고 그리고 있다.

시인은 이같이 촘촘한 미시적 감각과 진폭이 큰 거시적 감각을 유연하게 교차시키면서도 궁극적으로는 자신의 내면을 들여다보는 자기 성찰로 귀결되는 수순을 밟는가 하면, 인간의 하잘것없음에 대한 깨달음에 이르면서 자연에의 외경심畏敬心을 내비치기도 한다.

“바람은 나무의 말 없는 습성을 다 아는 걸까 / 너무 좋아 믿어 두는 걸까”(「나무와 바람」)라는 회의懷疑에 젖거나 “바람도 나무도 못 되는 나, / 그들의 사연을 어찌 알까”(같은 시)라는 대목이 그렇고, “집채를 다 들어 가겠다던 바람은 / 자고 나니 행방조차 묘연하다 / 종일 검게 성내던 하늘도 / 자고 나니 새 얼굴을 하고 / 간청해도 아니 오던 햇살이 / 하룻밤 사이 방안까지 들어와 조아린다”(「하룻밤 사이」)는 대목 역시 마찬가지다. 시 「인생」은 그런 비애를 더욱 구체화해 떠올린다.

하늘만큼의 넓이를 지녔어도
안을 수 없는 슬픔
바다만큼의 깊이를 지녔어도
담을 수 없는 슬픔

언제까지 우리는 슬퍼만 할 건가

애써 이삭을 주워보지만
곳간은 차지를 않고
지팡이는 굳게 잡을수록
땅만 파일 때

사람아

하늘엔 조각달
꽃보다 붉은
울음만 흘렸다

—「인생」 전문

인간에게는 하늘이나 바다에 견줄 만큼 슬픔이 깊고 넓어도(커도) 살아가는 것이 한갓 하늘에 떠 있는 조각달과 같으며, 꽃보다 붉은 울음을 비켜나지도 못한다. "풀잎은 바람으로 깨닫고 / 강바닥 자갈돌은 물살에서 깨달을 때 / 유정한 인간사는 눈물에서 깨닫는다"(「병원문을 나서며」)는 구절이 말해주듯이, 깨달음은 어김없이 시련(고난)과 눈물을 담보로 새로운 길이 열릴 수 있다는 사실을 은밀하게 암시한다.

이른 봄철에 피어나 이내 지고 마는 '목련'과 '벚꽃', 여름철의 '패랭이꽃' 등 한때 자연의 극히 작은 부분에 지나지 않는 꽃들을 바라보는 시각도 거의 같은 맥락이다. 이 경우는 애틋한 연민憐憫을 대동한다. "누구의 불면不眠 있었길래 / 꽃술은 웃음으로 벙그나"(「목련」)라든가, "목련이 손짓하더니 / 벚꽃은 한 번 웃고 가네 / 정이란 짧을수록 애틋하다더라만 / 뿌린 정 마르기도 전에 가면 / 무어라 이름 지어 / 부르오리까"(「봄」)라는 애틋한 심경 묘사들도 그러하다.

너는
더 넓은 들이 있는 줄도 몰라
나지막이 이웃 삼고
흙먼지 발길 자욱에 온몸이 스러져도
선 자리 설 자리라 웃음으로 피는 꽃

너는
온종일 들 나들이 벗님 마중에
두 볼을 붉히고도
가슴속 얼룩진 정은 식을 줄 몰라
해 진 들녘 저편에서도 소리 없이 피는 꽃

꽃이라면 가졌어야 할 향기도 없이
그저 밤에는 이슬 먹고
아침엔 햇살 마시며 서럴 줄 몰라
여름날 더운 탓에도 넉넉히 피는 꽃

—「패랭이꽃」 전문

시인은 소리도, 향기도 없이 더운 여름철에 "웃음으로 피는 꽃"으로 자연의 순리에 따르기만 하는 '패랭이꽃'과는 대조적으로 '하늘'을 향해서는 "천년의 세월로 만물을 꼬옥 껴안더니 / 천년 후 지금도 어쩜 그 마음 간직하고 있을까", "천년 전에도 만물이 우러러보게 하더니 / 천년 후 지금도 어쩜 그 힘을 누리고 있을까”(「하늘」)라는 신기하고 대단하다는 느낌과 부러운 마음을 감탄사를 동반해 토로한다.

하지만 「병원문을 나서며」에서 “유정한 인간사는 눈물에서 깨닫는다”는 대목이 시사하고 있듯이, 슬픔이 깊고 크더라도 인간사에는 유정有情이 중요한 덕목(선물)이라는 사실을 방증하듯 “주고받는 사람의 정 / 어찌해야 좋을까”(「선물」)라며 따뜻하게 끌어안는다. 이 따뜻한 마음은 자신을 낮추고 대상을 받드는 겸양지덕謙讓之德과 상대에게 항상 감사하는 데서 우러나오는 미덕 때문일 것이다.

내가 고왔다면
당신은 더 고왔고
내가 어쩌다 고왔다면
당신은 언제나 고왔으며
내가 겉이 고왔다면
당신은 속까지 고왔습니다

중요한 건
이런 것들이
나는 가정假定이라면
당신은 가정 아닌
사실 그대로라는 겁니다

—「고백」 전문

더구나 이 고백은 우주와 자연 순리에 따르려는 겸허한 마음자리와 무관하지 않아 보인다. 「단풍잎을 보며」에서 그리는 바와 같이, 같은 단풍잎을 보면서도 학창 시절에는 아름답다고 책갈피에 끼워두고, 젊은 날엔 탄성과 황홀 속에서 살며시 누군가를 향했던 그리움의 상징이기도 했지만 "이순耳順에 다가온 지금 / 아름답거나 그리움 대신 / 곱게 내려앉는 멋을 배운다"는 순응順應의 미덕을 진솔하게 떠올린다.

iii) 한편 일련의 시는 일상日常의 길 위에서 마주치는 풍경에 주어진다. 그 풍경을 통해서는 당연한 사실마저 신기하게 재인식하면서 인생길을 가고 있는 자신을 성찰하는 '거울'로도 바라본다. 시인은 길을 가다가 신호등 앞에서, 다른 사람이 운전하는 자동차의 운전석 옆자리에 앉아 바라보는 풍경들도 예사롭게 보지 않는다.

신호등 앞에 서 있는 자동차들과 신호등의 관계를 그린 「신호등 앞을 지나다」에서는 건널목의 신호등이 "쳐 놓은 줄[線]도 / 강압하는 표정도 / 목소리 높여 호령하는 손짓도 없이 // 작은 불빛 하나로" 돈과 명예와 권력의 상징으로 여겨지는 검은 자동차들을 꼼짝 못 하게 묶고 있는 장면을 묘사하고 있다. 시인은 이 장면을 목도하며 "저 힘세 보이는 차들을 지휘하고 있음이 / 왜 이리 멋져 보이는 걸까"라고 말하지만, 그 멋져 보인다는 말의 저의底意를 유추해 깊이 새겨보게도 한다.

장마철 고속도로를 달리는 자가용 운전석 옆자리에 앉아 바라본 차창 밖 풍경을 그리고 있는 「고속도로 위의 빗물」은 또 다른 시각으로, 내리는(태어나는) 곳에 따라 엄청나게 다를 수 있는 '운명'에 대해 성찰하는 시인의 따뜻한 연민의 마음을 들여다보게 한다.

잘생긴 차들일수록
속도를 절단하고

그런 바퀴들의 굴림 속에
운 없는 빗물들이
몸서리치게 터져 나왔다
마치 살고 싶은 최후의 증언처럼

그래서 그런 생각을 했다

다 같은 하늘에서 내려와
어느 건 몇 자욱 건너
아카시아 청솔잎에 앉으니
고운 님 벗어 주는 빗질 같고

어느 건 죄 많아
딱딱한 바닥도 서러운데
검은 횡포에
저리도 부서져야 한단 말인가

고속도로 빗물에
내 맘도 마구 젖었다
—「고속도로 위의 빗물」 부분

시「인생길」에서도 시인이 직접 운전하는 게 아니라 운전석 옆자리에 앉아서 바라본 길에 대해 "차가 꼭 길이 아닌 곳으로 가는 것 같은데 / 실은 잘 가잖아"라고, 자신의 시각에 문제가 있지 않은지도 되짚어 보면서 사람이 살아가는 길에 대한 생각으로 시선을 넓히고 있다.

뽀드득 하얀 눈밭 가다 보면
똑바로 걸어보고 싶을 때가 있어
몸 잡고 마음잡아 곧게 온다고 왔는데
뒤돌아 다시 보면 구불구불하기만 한 거

인생이란 길이 그런 것 아닐까
아닌 것 같으면서도 길이었던 때도 있고
잘 걸어온 줄 알았던 길

지나고 보면 영 아니었던 때도 있는

—「인생길」 부분

인간은 아무리 몸과 마음을 바로잡으며 바르고 곧은 길을 가려 해도 한계가 있게 마련이다. 시인은 그 한계를 눈길을 걷고 난 뒤 뒤돌아보면서 느끼게 되기도 하고, 그 한계를 인생길에 대입代入해서 성찰하기도 한다.

하지만 이 자기 성찰은 인생길이 그만큼 지난한 길이라고 하더라도 "몸 잡고 마음잡아 곧게" 가고, 아닌 길을 다시 가지 않겠다는 자성自省과 다짐을 완곡하게 내비친다. 시인의 인생을 바라보는 이 같은 마음자리는 「바다를 보며」에 여실하게 투영돼 있다.

사람들은 바다에 와서
모래성만 쌓거나
지는 노을만 바라보다 떠난다
바다가 왜 바다인지에 대한 물음은
파도에 얻어맞고 있는 바다에게
한마디 물어보지도 않고

—「바다를 보며」 전문

대상에 대한 본질을 추구하고 그 비의에 천착하려는 자세를 시사하는 듯한 이 시는 바다를 건성으로 보지 않으려면 바다의 시련과 고난을 들여다보아야 한다는 암시를 한다. "파도에 얻어맞고 있는"이라고 한마디로 함축한 이 말을 깊이 새겨보게 하기 때문이다.

그러나 타인을 향해 살아가는 모습을 바라보는 시인의 관점은 너그럽고 유연하다. 다양성과 개성을 포용하는 여유도 보인다. 사람은 누구나 자신의 가치관과 기호嗜好에 따라 다른 삶을 영위하게 마련이며, 인생길에는 정답이 없기 때문인지도 모른다. 「서로는」과 「관성의 법칙」은 그런 점에 착안해 읽는 재미까지 안겨주는 시다.

국어 교사와 수학 교사를 대비해 "한 사람은 국어 시간처럼 살고 / 한 사람은 수학 시간처럼 산다 / 그는 이상과 감성을 좋아하고 / 그는 현실과 이성을 좋아한다"로 시작되는 「서로는」에서는 "한 사람은 정답이 명확하지 않음에 익숙하고 / 한 사람은 문제가 간단함에 친숙하다"고 교사로서의 체험을 바탕으로 두 인간 유형을 적시摘示한다. 이 때문에 이들에겐 인생이란 문제와 답지가 언제나 다를 수밖에 없다는 것이다.

1

천하장사 이만기는 맨날 씨름만 하고
바람의 아들 차범근은 축구공만 찬다

새벽 열어 두부 파는 아주머니는
오늘도 두부판을 나르고
오이 당근 무 배추 아저씨
타이탄에 고단한 몸을 싣는다

2
개미는 개미를 낳고
박쥐는 박쥐를 낳는다
호박꽃은 호박을 열매 맺고
감꽃은 감을 영근다

3
장관 의원 잔치엔
재벌 총수 다녀가고
재벌 총수 아들딸은
정·관·경의 대작大爵 집으로 주민등록을 옮긴다

—「관성의 법칙」 전문

세상 풍경을 희화화戲畫化하면서 그 관성의 울타리 안에서 살아가는 사람과 사물들의 모습(대상)을 재현하듯 그리고 있으면서도 은밀하게는 세태世態에 대한 비판적인 시각을 보여주는 것으로도 읽힌다. 이 같은 풍자諷刺는 다람쥐가 한결같이 달리며 쳇바퀴를 돌려도 "길은 자취 없고 / 쳇바퀴 안의 숨찬 소리뿐"(「다람쥐의 독백」)이며, "구르면 다가갈 줄 알았던 세상은 / 늘 그 자리"(같은 시)라는 사실을 환기喚起하면서 이는 "어리석은 본성이"기 때문임도 일깨운다.

대상의 희화화로 시적 묘미를 돋우는 한편으로는 어감과 연계해 "치약, 물감은 짜고 / 빨래도 짠다 / 그러나 / 눈물은 짠다고 하면 안 된다 // 피리, 나팔은 불고 / 바람도 분다 / 그러나 / 눈물은 울고불고라 하면 안 된다"(「눈물은」)라는 표현이라든지

돌밥이라 하지만
돌은 고작 한두 개
쌀이 몇 백 배 더 많다

찰밥이라 하지만
콩도 있고 팥도 있고
밤이며 대추까지 있다

<중략>

콩밥에는 콩이 있고
팥밥에는 팥이 있지만
떡밥에는 떡이 없고
죽밥에도 죽은 없다

밥을 위해 사느냐
살기 위해 밥 짓느냐
밥은 바빠서 못 먹고
죽은 죽어도 못 먹는
술만 술술 넘어가는 세상

—「밥 이야기」 부분

이라고 우리말이 갖는 묘미를 극대화하면서 밥을 화두話頭로 세상 이야기로 비약하는 언어 구사도 마음을 잡아끈다. 떡밥과 죽밥의 뜻에 대한 말들도 그렇지만, "밥을 위해 사느냐 / 살기 위해 밥 짓느냐"는 질문이나 미묘한 어감을 활용해 "밥은 바빠서 못 먹고 / 죽은 죽어도 못 먹는 / 술만 술술 넘어가는 세상"이라는 구절이 거느리는 은유는 각별하게 절묘絶妙하다.

ⅳ) 시인의 적지 않은 시편들에는 가족사와 함께 따뜻한 사랑과 인정이 넘쳐나는 농경사회의 토속적이고 향토적인 정한情恨의 정서가 미만해 있다. 추억 속의 가족들을 소환하고 그리워하며 향수에 젖게 되는 건, 옛 고향은 한결같이 회귀하고 싶은 마음의 본향本鄕으로 자리매김하고 있기 때문일 것이다.

세상을 떠난 어머니와 아버지는 몽매에도 잊히지 않는 그리움의 화신化身과도 같아 보인다. 어머니보다 늦게 세상을 떠난 아버지는 꿈속에 살아 있기까지 해 부정도 모정에 진배없이 얼마나 깊었던가를 짐작하게 한다. 토속적인 정서와 감꽃이 매개가 되고 있는 「꿈길에서」에는 어머니와 아버지를 기리는 심경이 절절하게 그려져 있다.

어머니!
어머니 계신 그곳에도
해 지고 철 바뀌어
감꽃이 피어나는지요

어젯밤 꿈길에
움모실 들에 가자시며
하얀 고무신 내려 신으시고
감꽃이 한창인 그곳으로
저를 데려가셨는데

아버지!
아버지 살아 계시던 그땐
왜 그리 그 꿈만 꾸었던지요
통곡에 꿈을 깨고도 목이 쉬더니

아버지!
계시지 않는 지금은

꿈만 꾸면 아버지 살아 계시니
깨지 말고 영영 꿈길이면 좋겠습니다

—「꿈길에서」 전문

꿈을 깨서도 꿈길 같기를 바라는 마음이 애틋하기 이를 데 없다. 꿈길과 감꽃뿐 아니라 움모실 들과 하얀 고무신도 그 애틋한 분위기를 받쳐준다. 꿈길이 아니라 눈비 오락가락하는 날도 "동쪽 마루 가으내 말린 장작 / 눈비 오는 날이면 / 당신의 등 맞아가며 / 여러 자식놈 춥지 않을까 / 건넌방 무쇠솥 아궁이 / 종일토록 숯불을 달구시던 사랑"(「눈비가 오면」)을 떠올리며 "사랑을 지피시던 부모님 등[背]"(같은 시)을 그리워한다.

어머니를 기리는 마음자리에는 "시오리 장터 길 / 보릿자루 이고 가신 / 엄마 기다리던 한나절"(「수박 1」)이 자리 잡고 있고, 어머니가 장터에서 사 온 수박을 "콩밭 매러 들에 간 / 온 식구 다 모이면"(같은 시) 순식간에 다 먹어버리던 기억이 동반된다. 또한 오직 수박 참외만 좋아하던 어머니에 대한 그리움에는 "해마다 여름은 / 수박의 계절이다 / 그리운 어머니의 계절"(「수박 2」)이라는 추억도 저며 있다.

먼 하늘 그리운 고향

유난히 햇빛 푸르면
엄마와 내가 함께 오르던
고향집 들길 그리워 낯이 젖는다
엄마가 보고 싶어
젖 뗀 송아지 된다

—「엄마」 부분

시인에게는 그 그리운 고향도 이젠 먼 하늘 저편에 있지만 어머니와 함께 오르던 들길은 가까이 다가와 얼굴을 젖게 하고, 어머니를 보고 싶어 하는 마음은 "젖 뗀 송아지" 같게도 한다. 눈 오는 날 각별히 고향 집이 그리운 건 "아무도 밟은 이 없는 이른 새벽 / 어머닌 두레박 우물 가는 길 먼저 내어놓으시고 // 닭 울음 따라 삽살개 마중 간 동구 밖 길 / 아버진 '학교 가야지' 하며 비질하시"(「눈 오는 날」)던 추억 때문이기도 하다. 마당에 지천으로 깔리던 감꽃도 향수를 자극하기는 한가지다.

어머니는 종일토록
싸리비로 쓸어 내시고
우리는 한나절
실에 꿰어 걸어주던
땀과 추억이 섞인 꽃

부모님 가신 지 이십여 년
가마솥 아궁이는
내려앉아 흔적 없고
찬물 긷던 두레박 우물가
잡풀 나고 자라 동산 되어도
널따란 기와지붕 위로
감꽃만이 뚝뚝 그대로이다

—「감꽃」 부분

인생길은 세월의 흐름과 더불어 끊임없는 변화를 가져다준다. 그중에서도 빼놓을 수 없는 건 호칭이 점점 더 불어난다는 점이다. 시인에게는 "근 반백半百 살아온 지금"을 「내 이름 1」에서 소상하게 열거하고 있듯이, 남이 부르는 호칭이 세기도 어려울 만큼 많아져 있다.

가족 관계로 얻은 호칭이 딸, 동생, 언니, 처제, 이모, 시누이, 고모, 아내, 며느리, 형수, 올케, 외숙모, 엄마, 형님, 큰엄마, 이모할머니이며, 가족 관계 외에는 사제 관계에서 생긴 선생님이다. 그 명단에서는 시인이라는 호칭은 빼놓은 것 같다. 관계를 요약해서 열거한 「내 이름 1」에 이어 「내 이름 2」에서는 "느낌도 가지가지 마음도 가지가지"인 호칭에 대해 나름으로 진솔하게 느낌을 드러내 보이고 있다.

세상 가장

자랑스런 이름은 엄마
행복한 이름은 아내

보람된 이름 선생님
죄송한 이름 딸과 며느리
정다운 이름 언니 동생 형수
미안한 이름 고모 이모 외숙모 큰엄마
편안한 이름 처제 형님
아쉬운 이름 시누이 올케
수줍은 이름 이모할머니

이 중에
제일 좋으면서
제일 미안한 이름
엄마라는 이름
아내라는 이름
정말 감사하면서
참 후회 많은 이름
딸이란 이름
며느리란 이름

—「내 이름 2」 부분

v) 이 시집의 마지막 부분에는 교단생활 40년 동안의 느낌과 소회들 가운데, 마치 단면적으로 점묘點描를 하듯이, 극

히 일부에 대해서만 담백하고 정갈하게 그려 보이는 시들을 모아놓았다. 교육자로서의 근엄한 모습보다는 마치 꿈꾸는 소녀처럼 순진무구한 마음의 그림들을 안으로 지성을 쟁인 감성적인 언어로 그리고 있어 시인의 성품과 따스하고 겸허한 자세를 엿보게 한다.

학생들이 아침 8시에 등교하는 풍경을 "시시각각 진격하는 무리는 틀림없는 벌떼 / 그러면 무뚝뚝한 교사校舍는 / 다름 아닌 벌통"(「벌과 벌통」)으로 규정하면서 보통 벌들과 다르게(거꾸로) "살아갈 먹이 위해 / 이른 아침부터 저녁까지 / 통 속에서 힘겨운 나래 접"(같은 시)는 묘사는 그 한 예다. 학생들을 감싸는 마음이 포근하기 그지없다. 역시 비유법이 참신하고 발랄한 「하루」도 그 연장선상의 시다.

수업 시간

책상은 뽕나무 잠박
꾸물대는 너희는 누에

그러면 교실은 잠실
나는 양잠가

쉬는 시간

교정은 아카시아 숲
너희는 진격하는 벌떼

그러면 교실은 벌통
나는 양봉가

—「하루」 전문

학생들을 누에나 벌, 교사를 양잠가나 양봉가로 보고, 책상을 뽕나무 잠박, 교실을 잠실이나 벌통, 교정을 아카시아 숲으로 보는 발상이 신선하다. 교사인 자신을 양잠가나 양봉가로 보는 것도 겸허한 마음의 소산이 아닐 수 없다. 시는 마음이 맑아야 쓸 수 있다는 말이 있지만 교사도 그 마음자리는 마찬가지일 것이다.

「부러움」에서는 학교 음악실의 모습은 세월의 흐름에 따라 새롭게 단장돼 달라졌으리라고 유추하면서 음악가들은 30년 전 그때 그 모습 그대로라고 예술의 불변·불멸성에 대해 흠모해 마지않는다.

청소 검사하러
음악실에 갔었지

멋있는 피아노와
푹신한 책걸상에

카펫까지 깔린 바닥

근데 참 재미있는 건
바흐, 모차르트, 베토벤은
30년 전 그때 그 모습
그대로였어

—「부러움」 전문

발령받고 부임할 때는 "얼마를 달렸을까 수비 가는 길 / 몇 굽이 돌았을까 발리 가는 길 / 한티마루 올라서니 그림 하나 놓였다 / 수비면 발리리 수채화 한 장"(「수비 가는 길」)이라고, 고즈넉한 학교 소재지도 '수채화 한 장'으로 아름답게 묘사하고 있다.

시인은 「퇴근길」에서는 교사와 어머니, 아내로서의 역할에 대한 사명감을 완곡하게 그려 보인다. 어느 한쪽도 소홀히 하지 않으려는 마음가짐을 마치 그 역할을 교차해서 떠올리듯이 그리고 있다. 퇴근길에 귀가歸家하면서 어머니와 아내 역할로 들어오면서도 교사로의 소명을 저버리지 않는 심경이 "마음은 학교에 있고 / 몸은 어느새 / 현관문을 / 두드린다"고 표현하고 있다.

집으로 가는 골목길
노을이 웃으면

엄마라는 이름 잠시 두고
선생님이라는 이름으로
자장면 한 그릇 함께 먹었으면

어쩌다 차 앞 유리
빗줄기라도 세게 때리면
아내라는 이름 살짝 두고
황 선생이란 이름으로
차 한 잔 마시고 갔으면

퇴근길
마음은 학교에 있고
몸은 어느새
현관문을
두드린다

—「퇴근길」 전문

시인은 어머니로서나 교사로서 「알고도 모를 일」에서 묘사하는 바와 같이, 알고도 모를 일이라고 하면서도 때로는 밥보다 자장면을 좋아하고 수업을 "말아보자"고 하자 학생들이 좋아하는 소년(소녀)들 편에서 먼 거리를 두고 있지 않다.

시인은 평생 직장인 교편생활을 마감할 때가 가까이 다가 오면서는 "하겠다던 직함도 버렸고 / 끓어오르던 시인詩人 이름도 못 다진 / 40년 세월 / 아차 / 잘못된 일이다"(「퇴직 284일을 앞둔 밤에」)라는 회한悔恨에 젖기도 하지만, 그보다는 그 40년 동안의 출·퇴근길을 되돌아보는 자긍심이 '사랑'과 '자랑'이라는 결실(성취)로 바라보게 해준다.

천구백팔십사년 삼월
첫 출근
이천이십사년 이월
마지막 퇴근

딱 40년

퇴근해 발 담그는 짜릿함도 좋고
출근길 현관문 미는 시원함은 더 좋은

사랑 40
자랑 40
내 청춘 40

—「사랑·자랑 그리고 40」 전문

게다가 그 사랑과 자랑은 학생들을 향해서도 "나는 한 그루 나무 / 너희들이 기댈 수 있는 그런 나무"(「얘들아 나는」)라는 생각에 이르게 하고, "너희를 보면서 꽃을 생각한다 / 빛깔 좋아 고운 꽃 / 향내 고와 좋은 꽃 / 사월에 피는 꽃 칠월에 피는 꽃 / 다듬은 문 앞에 피는가 하면 / 후미진 뒷산 그늘에서도 피는 꽃 // 어느 꽃은 이슬 받아 피어나고 / 어느 꽃은 햇빛 따라 피어나고 / 서리 속에서 피어 아름답고 장하다 싶으면 / 봄바람 속 잎새 두고 먼저 피어 / 오히려 갸륵한 꽃"(「꽃」)이라고 예찬하게 되는 것 같다.

한편 자신을 향해서는

> 내 마음 항상 꽃 두고 비는 말씀
> 움 돋던 날 다짐 하나로
> 일구고 뿌리 내린 눈물 사연 보듬고
> 저 바람 저 흙 속에서도
> 웃음 짓게 하소서
>
> —「꽃」 부분

라고 기구祈求하는가 하면, 「다시 길 떠나는 너희에게」에서는 헤어지는 학생들에게 "한세상 살다 가는 정원에 / 나를 심고 / 부모 형제 이웃을 가꾸기 위해 / 용기라는 쟁기의 날을 삼아 / 꿈과 희망이라는 새싹을 키"우고, "세상은 / 무엇을 가지는 행복 대신 / 어떻게 가져가는가가 더 멋"지다는 간곡한 당부와 조언助言을 아끼지 않는다.

이 시집에는 한결같이 사람들을 향한 따스하고 곡진한 사랑이 관류하고 있다. 시를 대하는 자세도 진솔하고 겸허하다. '시인의 말'에서 "교단생활을 정년으로 마감하게 해준 사랑하는 가족과 하늘로 소풍 가신 부모님과 시부모님 영전에 바친다."는 대목은 그런 시인의 아름다운 마음자리를 거듭 들여다보게 한다.

■ 그루 현대시인선 21

코고무신 째깍이는 소리

초판 1쇄 발행 2024년 3월 16일

지은이 황영애
펴낸이 이은재
펴낸곳 도서출판 그루

출판등록 1983. 3. 26(제1-61호)
42452 대구광역시 남구 큰골 3길 30
TEL 053-253-7872 / FAX 053-257-7884
E-mail / guroo@guroo.co.kr

값12,000원
ISBN 978-89-8069-496-9